Índice de Contenido

Psicología para principiantes

Inteligencia emocional, PNL y Aprendizaje del Pensamiento Positivo para fortalecer una conciencia libre, deja de reflexionar y deshazte de los pensamientos negativos

Psicología general: **Volumen 3**

Psicología para principiantes - con PNL y otras posibilidades para deshacerse de los pensamientos negativos

Siempre hay situaciones en las que los pensamientos negativos lo acechan todo y no hay lugar para las cosas positivas. En ocasiones te encontrarás con estas situaciones varias veces al día. Está, por ejemplo, el vecino del otro departamento, pasan de largo sin decir "¡Buenos días!" ¿Qué te pasa? ¿Qué es lo que piensa esta persona de ti? Estoy seguro de que te preguntas si has hecho algo malo, si es tu culpa que no le agrades a tu vecino.

Esto se pone mucho peor, porque tus pensamientos negativos también afectan tu trabajo e inhiben tu acción y reacción. Siempre tienes los mismos pensamientos en mente y no puedes concentrarte en cosas y tareas importantes. Esto ocurre no sólo en tu trabajo, sino también en tu vida privada.

Si conoces bien esta situación, tiendes a la llamada rumia. El término se utiliza en psicología para describir la repetición constante de una determinada pregunta. Con esta pregunta siempre igual, no tendrás una respuesta concluyente. De la misma manera, esto también puede ser descrito como un carrusel de pensamientos. Se dan la vuelta y no se bajan del tiovivo. En realidad, no importa cómo se llame esta situación. Las perspectivas no son muy positivas.

A largo plazo, este patrón de pensamiento tiene serias consecuencias. Especialmente aquellos que tienden a este tipo de estado de ánimo deprimido tienen durante mucho tiempo algunos de los pensamientos negativos y el estado no deseado asociado. Las emociones son muy difíciles de expresar de lo que realmente quieres que sean. Por ejemplo, los investigadores han descubierto que las mujeres tienden a sufrir choques mucho más a menudo que los hombres.

¿Pero por qué el pensamiento de carrusel gira constantemente alrededor de este pensamiento en particular?

Algunas personas tienden más que otras a perderse en el pensamiento circular. Los investigadores han descubierto algunos rasgos de personalidad.

Están presentes en personas que caen repetidamente en este patrón de pensamiento. Eso incluye:

➥ perfeccionistas

➥ personas neuróticas

➥ personas que se centran excesivamente en las relaciones con otras personas

Tales personalidades a menudo tienen que mirar hacia otro lado en el trabajo porque este patrón de pensamiento es contraproducente. Mientras que una forma de pensar orientada a los problemas se fija en hechos concretos y se centra en las soluciones, esto es claramente diferente con el carrusel del pensamiento.

Los que están atascados en su ciclo de pensamiento tienden a ser demasiado autocríticos y no pueden evaluarse a sí mismos y a sus capacidades de manera positiva. Pero hay más. Cualquiera que esté constantemente atascado en patrones de pensamiento negativo tiene mucho más estrés.
No son estas situaciones estresantes diarias, sino el estrés permanente que causa la enfermedad a largo plazo. Por lo tanto, el pensamiento de carrusel no debe ser visto sólo como un mal hábito.

Para las personas propensas a tener pensamientos negativos, este hábito puede llevar al agotamiento. Los efectos negativos son realmente mensurables. Para la gente que piensa más, claramente están vertiendo más cortisol que los que piensan menos. Y el cortisol es una hormona que te enferma.

Los pensamientos negativos sobrecargan el cuerpo, la mente y el alma

Cada día las personas tienen entre 60.000 y 80.000 pensamientos a través de sus cabezas. De estos muchos pensamientos, una gran parte es negativa, aunque no sean conscientes de ello. Y pueden hacerte sentir mal. Cuando se piensa en ello, no son los acontecimientos y situaciones de tu entorno los que causan tristeza, ira, ansiedad o nerviosismo los que son fundamentalmente importantes, sino tu forma de pensar y evaluar lo que llevará a este acontecimiento particular.

Los pensamientos tienen un inmenso poder. Si son negativos, son una gran carga. La misma situación inicial puede ser interpretada de maneras muy diferentes. No es la situación inicial, sino su evaluación la que evoca ciertos sentimientos.

Un pequeño ejemplo: Un amigo cancela la cita contigo. Ahora podrías pensar que tu amigo canceló porque no está muy interesado en ti.
Con este pensamiento te sientes solo y triste. Pero si crees que tu amigo no tiene tiempo porque puede

haber olvidado una cita importante y está triste porque tiene que cancelarla, no tienes que sentirte triste. Puedes esperar tu próxima cita.

Cita: *"No son las cosas las que nos causan problemas, sino la forma en las que las percibimos".*

Tus pensamientos tienen una gran influencia en cómo te sientes. Los pensamientos defectuosos y estresantes incluso conducen a trastornos de ansiedad y depresión. Entre ellas figuran, por ejemplo

- Si los pensamientos o las demandas absolutas, como tu deberías, otros deberían
- evaluación negativa y exhaustiva de ti mismo y la evaluación externa (no valgo nada)
- Pensamiento catastrófico (sería absolutamente terrible si...)
- baja tolerancia a la frustración (No puedo soportar cuando...)

Los pesimistas y su forma negativa de pensar

Los pesimistas tienden a pensar negativamente porque esperan lo peor o al menos un resultado negativo. Sólo ven el blanco o el negro, pero las muchas sombras que hay entre ellos, no las ven. Para usted, la cuestión no es si el vaso está medio vacío o medio lleno. Para ellos, el vaso siempre está medio vacío. La gente con una actitud pesimista ve todo sólo negativamente. Para ti, es una especie de protección.

Los que esperan lo peor, suelen estar un poco mejor preparados para un resultado negativo y no pueden ser decepcionados o heridos. La mentalidad de los que ven todo negro y tienen pensamientos negativos tiene raíces profundas y grandes peligros. Porque no sólo es este carrusel negativo de pensamientos lo que siempre ocurre, sino el miedo al futuro lo que impide a estas personas mirar más allá de sus propios horizontes. Pero la regla básica es:

"Eres significativamente más valiente de lo que crees; eres significativamente más fuerte de lo que pareces;

eres significativamente más inteligente y más valioso de lo que crees. ¡Es tu forma de pensar la que te limita!"

Pesimismo y optimismo - Un viaje a la psicología

Cuando se considera el pesimismo desde un punto de vista psicológico, inicialmente no es más que una actitud de la vida o de la mente en la que no hay esperanza ni expectativas positivas. Un pesimista asume que todo lo que hace, sus acciones y reacciones, tendrán un resultado negativo. En la vida profesional, esta forma de pensar hace que el pesimista asuma que una tarea no puede ser cumplida o que el resultado no es el esperado.

¿Cuáles son las razones de esta actitud negativa y los malos pensamientos asociados? Una actitud pesimista se basa generalmente en dos causas:

1. protección contra el engaño: Muchas personas con una mentalidad negativa y una actitud pesimista dicen para sí mismos que esta actitud es para su propia protección.

Ya has tenido en cuenta el fracaso. Los optimistas, por otro lado, se decepcionan y frustran si no se cumplen sus expectativas.

2. el resultado de experiencias negativas: El origen del pesimismo suele basarse en experiencias negativas hechas a lo largo de la vida. Están generalizadas y diseñadas en todas las áreas, ya sea en el ámbito privado o profesional.

Otra explicación es la siguiente: Hay un enfoque explicativo personal, que no se centra en las experiencias negativas en sí mismas, sino en cómo tratarlas.

Así pues, el origen del pesimismo no se busca en las experiencias negativas ni en su intensidad o frecuencia. Lidiar con estas experiencias es el factor más importante para una forma de pensar pesimista.

➡ Los pesimistas se culpan a sí mismos por sus fracasos y culpan a las influencias externas por sus éxitos.

➡ Los optimistas ven la razón de su éxito en su propia persona y los fracasos se atribuyen a influencias externas.

Lo que es notable, sin embargo, es que el pesimismo se clasifica como más inteligente que el optimismo.

El lema es: "Los pesimistas tienen razón y los optimistas se divierten".

A menudo se dice que el optimista es ingenuo y mira el mundo a través de gafas de color rosa. El pesimista, por otro lado, es clasificado como un crítico realista e inteligente porque espera todo temor imponderable concebible. Es el pensador negativo, el escéptico, mientras que el optimista no renuncia a la esperanza y la fe. Pero los miedos, el escepticismo y las dudas no son más que una especulación salvaje. Esto es a menudo ignorado. De la misma manera, no se ve que los pensamientos negativos disminuyan a largo plazo, ya que sobrecargan el cuerpo, la mente y el alma.

Surgen grandes desconfianzas, temores, amargura y desánimo, que pueden incluso terminar en una depresión. Los estudios han demostrado incluso que el sistema inmunológico se debilita por los pensamientos negativos. Así, los pesimistas contraen enfermedades infecciosas mucho más a menudo que los optimistas.

El problema de la profecía autocomprometida

En términos de pesimismo, esto no significa nada más que eso, que la gente que piensa negativamente está buscando lo que podría salir mal. A través del enfoque y la postura resultante, el aspecto negativo también se produce. Si no se producen cosas negativas, se descartan como excepciones que no confirman la regla.

Hay muchos ejemplos de este fenómeno. Por ejemplo, situaciones de examen en las que las personas están fervientemente convencidas de que no aprobarán el examen. Estos pensamientos negativos aumentan la probabilidad de que el sujeto falle. Esto influye en el subconsciente, lo que hace que la profecía se cumpla. Por consiguiente, los pesimistas casi siempre tienen la actitud de que ya no se sorprenden cuando llega lo peor, porque ya se han anticipado al resultado y se han preparado en consecuencia.

Los pensamientos negativos y su origen

Aquellos que ya no quieren ser influenciados por pensamientos negativos tienen que decir adiós a los viejos patrones de pensamiento y actitudes. Esto tiene éxito con la reestructuración cognitiva. Se trata de someter la propia actitud a un examen detallado. Los pensamientos erróneos y malos pueden ser desenmascarados e intercambiados por pensamientos útiles y de apoyo. Esto funciona así:

➡ mostrando conscientemente pensamientos negativos ("nunca tener éxito en nada").

➡ Asegúrate de que el pensamiento te ayude y sea bueno para ti. ("Me siento terrible, inútil y como un perdedor y sólo quiero esconderme.")

➡ Cuestiona tu forma de pensar preguntándote si esto es realmente así y si puedes probarlo. ("Aprobé el examen de maestría, pero al final dominé muy bien el examen de viajero.")

➥ ("El otro día, cometí un gran error. Pero las cifras del mes pasado y las ventas fueron realmente impresionantes").

➥ Busca pensamientos alternativos. La moneda siempre tiene dos caras. Por eso debes ver si puedes ver la situación de manera diferente. Siempre hay un punto de vista diferente, así como siempre hay el punto de vista de alguien más sobre la situación. ("En mi vida, he logrado mucho y mucho ha salido mal. Si puedo dominar el nuevo desafío, no lo sé de antemano. Sólo puedo saber si acepto el desafío. En cualquier caso, puedo aprender algo de él.")

➥ Usa una forma diferente de pensar sobre tu vida cotidiana. Serás capaz de eliminar los pensamientos negativos. Ve las situaciones estresantes y los nuevos desafíos bajo una luz completamente diferente, de forma que pongas el pensamiento catastrófico en perspectiva.

De esta manera te conviertes en el maestro de tu propia duda y puedes enfrentar la crítica interna.

Tu recién descubierta fuerza te da alegría de vivir y aumenta la confianza en tí mismo. Tu mismo has notado lo paralizantes que pueden ser los pensamientos negativos. Pero no sólo llevan y matan toda la alegría de la vida, sino que también crean una visión que va más allá de la realidad. Por eso siempre existe la recomendación de cambiar los pensamientos negativos por positivos.

Teóricamente, eso suena como una idea brillante. Lamentablemente, esto no funciona tan fácilmente en la práctica, ya que el pensamiento negativo no puede transformarse simplemente en un pensamiento positivo. No hay hada que esparza polvo brillante con su varita mágica y de repente todo es diferente. Una mala y desagradable forma de pensar no puede ser apagada con sólo pulsar un botón.

¿De dónde vienen los pensamientos negativos?

Tal vez ya has pensado en lo hermosa que podría ser la vida si la montaña rusa de pensamientos se detuviera de repente y los pensamientos perturbadores dejaran de existir. Por paradójico que esto pueda sonar en tus oídos, los pensamientos negativos también tienen un lado positivo.

- ➡ son una advertencia de posibles peligros.
- ➡ ayudan a evaluar mejor los riesgos.
- ➡ permiten prepararse mejor para ciertas situaciones.
- ➡ te ayudan a conocerte a ti mismo y al mundo de forma más realista.

Incluso si una forma de pensar negativa es muy estresante y tienes la sensación de que no puedes hacer nada al respecto, sigue teniendo un alto valor. Si no existieran estas señales de advertencia, no reconocerías los riesgos, no darías a los peligros la prioridad necesaria, no abordarías los desafíos con precaución y te enfrentarías la desgracia con los ojos cerrados.

El mundo del pensamiento y la forma de pensar en ti mismo está influenciado en cierta medida por el medio ambiente y la educación. La manipulación es realizada por

- ➡ Tu infancia y tus padres
- ➡ Amigos y conocidos en tu entorno
- ➡ tu compañero de vida
- ➡ Las experiencias que adquiriste en la escuela
- ➡ Canales de televisión, Internet y redes sociales

Si, por ejemplo, siempre has oído de tus padres y profesores que eres estúpido y no puedes hacer nada, te ves obligado a tener grandes dudas y no tienes confianza en ti mismo. Si experimentaste el rechazo de otros niños cuando eras niño, podrías creer que no les gustabas. Como ya se ha mencionado, las personas están moldeadas por las experiencias de la vida. Incluso aquellos que casi siempre sólo han tenido buenas experiencias conocen las preocupaciones, las dudas sobre sí mismos y una forma negativa de pensar.

Todo ser humano tiene pensamientos negativos y esta forma de pensar se basa en la evolución humana. En el pasado, hace muchos miles de años, la vida era mucho más peligrosa de lo que es hoy en día. Aunque hoy en día una entrega impuntual de Amazon adquiere proporciones dramáticas, en aquel entonces se trataba de la supervivencia al desnudo, ya que los peligros reales acechaban en todas partes.

➡ hambre

➡ frío glacial

➡ animales peligrosos

➡ una tribu enemiga

➡ enfermedades

Si nuestros antepasados hubieran pasado por la vida sin pensar, ninguno de ellos habría sobrevivido. Demasiado optimismo fue la sentencia de muerte. Imaginen que el chasquido de ramas durante la caza no se haya percibido como un peligro, sino que se haya clasificado como inofensivo. ¡Demasiado arriesgado! Porque pudiera haber sido un guerrero enemigo o un peligroso depredador.

Preocuparse, empezar por lo que pensaban era lo peor y ser cuidadosos compensó a nuestros antepasados.

A lo largo de muchos años, la forma negativa de pensar ha cambiado de generación en generación. Es por eso que la gente hoy en día se preocupa tanto, tiene gran autoconfianza y miedo a las cosas que no representan un peligro real. Aunque el pensamiento negativo está profundamente arraigado, no significa que no tengas el potencial para lidiar mejor con el pensamiento negativo.

Ten en cuenta, sin embargo, que los pensamientos negativos nunca pueden ser eliminados por completo, aunque esto es a menudo prometido por varios consejeros. No puedes controlar todos tus pensamientos. Pasan muchas cosas en tu cabeza todos los días.   Por eso a menudo son los impulsos inconscientes del pensamiento los que simplemente salen a borbotones. Esto significa que tienen poca influencia en tus pensamientos. Porque con 60.000 a 80.000 pensamientos al día, el control absoluto es imposible de lograr.

Ciertamente es más fácil contar los granos de arena en las playas del sur de Francia...

Si tratas de controlar todos tus pensamientos, ya no tienes que preocuparte por nada más. Seguramente no quieres eso, porque la vida te espera con muchas cosas hermosas. Además, los pensamientos se intensifican cuando quieres controlarlos y cambiarlos. Puedes comparar tu mente con la de un niño. Cuanto más a menudo te impides hacer algo, mayor es la atracción de hacer lo que está prohibido.

En términos de tus pensamientos, esto significa que cuanto más a menudo intentas no pensar en algo en particular, más presente está el pensamiento en la superficie. Porque es más probable que los pensamientos vuelvan cuando se suprimen. Por eso el pensamiento positivo a menudo lleva a estas personas a tener aún más dudas sobre sí mismas y a sentirse aún peor. A medida que intentas pensar más positivamente y eliminar las formas negativas de pensar, se vuelven más y más superficiales porque te enfocas aún más en tus pensamientos negativos.

Así que..: *Al querer pensar más positivamente, se da más libertad a los pensamientos desagradables, permitiéndoles crecer y prosperar y se cierra la trampa del pensamiento positivo.*

La vida sería mucho más fácil si la gente pudiera controlar completamente sus pensamientos. ¡Pero eso sería muy fácil y no un desafío!

Para que aún así consigas deshacerte de los pensamientos negativos y salir del carrusel de los pensamientos, debes identificarte con ellos y mirarlos más de cerca. Porque, básicamente, tus pensamientos no son el problema. El punto crucial es identificarte con tus pensamientos y tu creencia de que un evento ocurrirá exactamente como lo imaginaste en tu cerebro.

Especialmente en el mundo occidental, la fijación está extremadamente en la mente. Es por eso que los pensamientos son vistos como verdad y percibidos como una imagen de la persona misma.

Pero en realidad son sólo pensamientos que no corresponden a la verdad y ciertamente no se representan a sí mismos.

Ahora puedes mirarte en el espejo y decirte a ti mismo que eres Batman, Mark Zuckerberg, el presidente o un extraterrestre. ¡Pero la realidad es diferente! Muchos pensadores, filósofos y profesores se han dado cuenta de que la identificación con los propios pensamientos causa un gran sufrimiento.

Uno de los más conocidos es el maestro espiritual y autor Eckhart Tolle, quien describe en su libro "Now" que la gente sufre innecesariamente porque se convierte en esclava de sus propios pensamientos.

Según Tolle, la clave de la felicidad es que la gente viva en el presente, en el aquí y ahora. Básicamente, depende de ti cuánta fe le des a tus impulsos de pensamiento. Porque los pensamientos son sólo suposiciones, historias e imágenes que están en tu cabeza. No son necesariamente verdaderos. Pero a veces hay un poco de verdad en ellos. Luego está esta forma de pensar que describe tu opinión de ti mismo. ¿Sabes lo siguiente?

- Mi opinión no tiene valor ni importancia.
- ¿Por qué no pueden hacerlo los demás y yo?
- No soy lo suficientemente atractiva.
- No soy una persona agradable.
- Siempre tengo que ser amable y simpático.
- No le gusto a nadie.
- No voy a lograrlo.

Exactamente estos pensamientos son como las
promesas de los concesionarios de coches usados, a
quienes no debes creer todo. Intenta tomar la
posición del observador neutral y libera los
pensamientos negativos.

En psicología, esta habilidad se llama
"autoconciencia". Este abandono de los
pensamientos también se puede encontrar en el
budismo. La gente que integra esto en su vida
puede separarse de las desagradables corrientes de
pensamiento.

Deja tus pensamientos, no los controles.

Como ya has observado, la mayoría de los pensamientos surgen inconscientemente. No puedes controlar esto. Sólo hay control con el pensamiento consciente, cuando quieras mira de cerca los pensamientos. Al observar y mirar de cerca, los pensamientos pierden gran parte de su poder porque crean una distancia entre ellos y ya no se identifican con ellos.

Mirando sólo tus pensamientos negativos, sin condenarlos o convertirlos en pensamientos positivos, tarde o temprano los disolverás en el aire fresco. Siempre que surjan pensamientos negativos, debes tomar la posición del observador neutral sin juzgar, condenar o perderse.

Desafortunadamente, esto no siempre funciona porque son pensamientos muy persistentes y firmes. Practica un mejor manejo de tus pensamientos negativos y toma conciencia de que los pensamientos y sentimientos desagradables pertenecen a la vida.

¡Está perfectamente bien! No tienes que controlar todos tus pensamientos y no estar libre de todos los malos pensamientos. Mantén tus formas de pensar en orden y no creas todo lo que tus pensamientos quieren hacerte comprender.

Los pensamientos tienen un gran poder. Pero hay situaciones en las que el pensamiento no es particularmente útil. A menudo no es la manera incorrecta de dejar ir y no escuchar tus pensamientos.

Pensamiento positivo para más felicidad y paz interior de la mente

Con el pensamiento positivo y el abandono de los pensamientos negativos, se abren aspectos completamente nuevos para mirar hacia adelante otra vez. Porque lograrás recuperar la confianza en tí mismo, creyendo en tu éxito y reconociendo las muchas posibilidades.

Ganarás fuerza interior y te acercarás a cosas que otros consideran poco prácticas. Mira los grandes éxitos que han hecho historia. Las personas involucradas en estos éxitos creían en el éxito, se arremangaban y aprovechaban las oportunidades especiales. Simplemente mostraron una forma de pensar positiva.

Una forma positiva de pensar abre posibilidades inimaginables para ti. Dejando de lado los pensamientos negativos.

➡ Concéntrate en las cosas buenas que te hacen feliz. Si, por otro lado, te aferras a pensamientos negativos, estás pisando el terreno de los fracasos y los supuestos peligros te frenarán.

➡ Al armarte contra los malos pensamientos, se obtiene un nuevo impulso para levantarte de nuevo, ajustar la corona y seguir adelante. Tu capacidad de actuar no está limitada por pensamientos negativos.

➡ Eliminar los pensamientos negativos es bueno para el cuerpo, la mente y el alma. El sistema inmunológico se fortalece de nuevo, se estimulan los poderes de autocuración y te sientes sano y en forma.

➡ El pensamiento positivo y una forma de pensar optimista son la base ideal para el éxito personal y profesional.

➡ Con buenos pensamientos se aprende una lección muy importante. Porque tienes el conocimiento de que puedes abandonar tus propios pensamientos e influenciarlos hasta cierto punto. Te has abierto a oportunidades sin precedentes.

➡ Al tener una visión más positiva de ti mismo, recuperarás más confianza en ti mismo y un nuevo sentido de autoestima.

➡ Ya no te desconectas de las cosas nuevas, tienes el conocimiento de que puedes lograrlo todo, y si no funciona, das el siguiente paso. Dejando de lado los pensamientos negativos, se abren nuevos horizontes para ti.

➡ Con el pensamiento positivo se agudiza la percepción y los órganos de los sentidos. Los miedos, los fracasos, los contratiempos y los malos sentimientos ya no tienen cabida, porque ya no se cierran los ojos, sino que se examinan conscientemente los pensamientos negativos como un observador neutral.

Abandonando los pensamientos negativos, inconscientemente se contribuye al desarrollo positivo de los acontecimientos. Para lograrlo, es

importante la resistencia, la autorreflexión y la
fuerza mental. Pero aquellos que pueden confrontar
la crítica interna son recompensados con una forma
completamente nueva de ver las cosas.

5 consejos para finalmente dejar de lado los pensamientos negativos

Los siguientes cinco consejos son prometedores si crees en ti mismo y estás realmente dispuesto a abandonar tus pensamientos negativos.

1. ¡Cree en tus habilidades!

Los pensamientos pesimistas y negativos te llevan a hablar mal de tí mismo y a cuestionar tu capacidad. El primer paso para abandonar los pensamientos negativos es, por lo tanto, creer en tus habilidades y confiar en ti mismo. Sólo aquellos que tienen confianza en sí mismos y abordan las tareas con confianza en sí mismos pueden enfrentarlas con vigor y optimismo y lograr buenos resultados.

2. ¡Ve tus éxitos y reconoce que son tuyos!

Has logrado tanto en tu vida. Recuerda estas cosas
con calma. ¡Estos méritos son "TUS" éxitos!
Reconoce tus propios logros. Si no lo haces, puedes
convencerte de que eres inútil. ¡Eso es
completamente innecesario! En cambio, fortalecerás
la confianza en ti mismo con tus éxitos y sacarás
fuerza de ellos, que puedes usar en nuevos
proyectos.

3. ¡Despídete del miedo a cometer errores!

Aunque los errores pueden ser muy dolorosos, son
parte de la vida. Por lo tanto, no debe ser disuadido
o intimidado por esto. No hay nada malo en cometer
un error. Es mucho peor si ni siquiera intentas
hacer algo en primer lugar. Los errores existen para
aprender e ir más allá de tus propios límites. Los
que están paralizados por sus miedos estarán
siempre en la misma situación.

4. ¡Acepta que siempre habrá competencia!

Deja de hacer constantemente comparaciones entre tu mismo y los demás. Estás creando mucha presión y muchas expectativas para ti. La gente y los pesimistas que piensan negativamente son absolutamente auto-negativos.

A través de tu actitud peyorativa hacia ti mismo, estableces la creencia de que nunca eres tan bueno como tus amigos y colegas. Si, por otro lado, aceptas la competencia, eso también puede ser un gran incentivo para ti. Desarrolla la motivación para mejorar tu propio rendimiento e incluso puedes aprender algo de ello.

5. ¡No ofrezcas espacio para el deseo de perfección!

Un desencadenante de pensamientos malignos y negativos puede ser también el deseo de perfeccionismo. Te fijarás metas muy altas, dejarás que la perfección se acerque mucho y lo pasarás especialmente mal.

El deseo de perfección desencadena frustración y decepción cuando no se alcanza el objetivo. ¡Los objetivos son importantes y buenos! Sin embargo, es importante que sean realistas.

Miedos: El enemigo de un mundo de pensamiento positivo

A veces los miedos son compañeros inseparables de los pensamientos negativos y tienen grandes efectos tanto en la imagen como en la actitud de uno mismo. Tener miedo de fracasar, de hacer algo malo, de no ser amados y de sentirse inútiles y solos. Esto limita en extremo, de modo que no se es capaz de ver los desafíos de manera positiva y probar cosas nuevas. Hay diferentes formas de miedo. Los expertos incluso están de acuerdo en que los pensamientos negativos y los miedos no sólo están estrechamente relacionados, sino que también tienen una enorme influencia en la calidad de vida, dependiendo de su gravedad. Las personas que se agobian con pensamientos negativos tarde o temprano sufren daños en su salud debido a ello. Los expertos dividen el miedo en las siguientes categorías:

1. Miedo: el miedo es el primero de la lista y se describe como una sensación de peligro o amenaza. Es importante reconocer los peligros, evitar los daños y las situaciones que son malas para ti.

2. Miedo diario: Es la forma más alta de miedo y se presenta como una amenaza. Una y otra vez se enfrenta cuando las situaciones ya no parecen manejables.

3. El miedo existencial: es parte de la vida y lo encontrarás una y otra vez. Incluye el miedo a la muerte, la soledad, la pérdida de la autodeterminación y la limitación de las libertades.

4. Ansiedad neurótica: Se expresa cuando se siente miedo al rechazo, por ejemplo. Los expertos ven esta forma de ansiedad como una transición a los miedos patológicos. Sigmund Freud definió apropiadamente este miedo. Porque describe este miedo como un peligro que el hombre aún no ha conocido.

5. Fobias: Son las formas que despiertan en los humanos un gran temor a las cosas o a las situaciones concretas. Por ejemplo, grandes plazas, habitaciones estrechas, una prueba, el miedo al fracaso social, hacia los animales, a menudo son las arañas.

6. Miedo a la compulsión: Este es el término para el comportamiento compulsivo, la actuación y el pensamiento. Las personas que sufren de un trastorno obsesivo-compulsivo tienen, por ejemplo, una obsesión por la limpieza, una obsesión por el lavado extremo.

7. Miedos traumáticos: basados en situaciones que no pueden ser procesadas o prevenidas psicológicamente. Entre ellas se incluyen los accidentes, las enfermedades graves que se producen repentinamente, la violencia masiva y los desastres naturales. Los estados de ansiedad se repiten una y otra vez, aunque hayan pasado décadas entre el acontecimiento y el día de hoy. Los expertos llaman a estos miedos traumáticos "flashback".

8. Miedos generalizados: acompañan a la persona afectada las 24 horas del día. Se levantan por la mañana con este sentimiento de miedo y se acuestan con él por la noche. No hay factores desencadenantes reconocibles para estos estados de ansiedad persistente, o hay muchos factores desencadenantes juntos que alimentan esta ansiedad y la convierten en una condición permanente.

9. Ataques de pánico: ocurren de forma repentina e inesperada o tienen un desencadenante específico. Este pánico repentino no suele durar más de unos minutos y causa reacciones físicas y psicológicas violentas.

10. Miedos asociados a un trastorno de la personalidad: se producen porque los afectados temen perder su "yo" y su propia identidad. Esto resulta en una pérdida de estabilidad, la cual es importante para la fuerza interna y la confianza en sí mismo.

Estos 10 miedos son sólo una parte de la ansiedad que acompaña a las personas en sus vidas.

A menudo estos miedos surgen de pensamientos negativos. Por lo tanto, es de gran importancia que mires más de cerca tu forma de pensar y descubras en qué se basan estos pensamientos. ¿Es tu miedo un miedo primordial que forma parte de la vida y te protege de peligros y situaciones para que no te hagas daño?

Así que ese miedo es impulsado por tus instintos. Garantiza la supervivencia y te protege de las lesiones, el dolor y la muerte.

¿O es un miedo ficticio lo que sientes? Por lo tanto, se basa sólo en tu imaginación y es adicionalmente estimulado por tus pensamientos negativos. En cada situación, tu fantasía juega un papel malvado, porque se crean imágenes terribles que se propagan en tus pensamientos. Nublan todos los demás pensamientos y de ninguna manera corresponden a la realidad. No tienen nada en común con el miedo primordial. Estos miedos ficticios te hacen sentir inútil y dudar de ti mismo. Son precisamente estos miedos los que pueden ser combatidos abandonando los pensamientos correspondientes, mirándolos con neutralidad y privándolos así de su fuerza.

Los escenarios de horror están en tu cabeza. No hay garantía de que esta situación ocurra en la vida real. A partir de tu miedo, creaste estas imágenes negativas en tus pensamientos.

Al imaginar imágenes positivas y crear un buen resultado, por ejemplo, en una conversación con el jefe, no puedes superar tu miedo y crear dudas sobre ti mismo. Hay diferentes métodos para controlar el miedo ficticio.

7 métodos para combatir los miedos ficticios

Para combatir el miedo ficticio, estos siete métodos se aplican en el momento en que el miedo aparezca en tu cabeza.

¡Primero, usa el "reality check" para luchar contra tu miedo!

Si observas más de cerca tu miedo y tu ansiedad, te darás cuenta rápidamente que no hay razón para ello y que la sensación de miedo es completamente exagerada. Porque las terribles imágenes en tu cabeza son sólo el resultado de tu forma de pensar y tu actitud y no tienen nada en común con la realidad. Así que tu miedo es completamente infundado. Lo verás tu mismo en los ejemplos que siguen:

Ejemplo 1: Tienes demasiado miedo de cometer un error. Todo el mundo comete errores y no es inmune a ellos. Cambia tu visión de las cosas y mira la otra cara de la moneda.

Si cometes un error, puedes corregirlo en cualquier momento.

Ejemplo 2: Tienes mucho miedo al cambio. ¿Son los cambios tan terribles y peligrosos? ¡No! Porque te ofrecen la oportunidad de obtener una nueva perspectiva, una nueva visión, de desarrollar más y ampliar tus horizontes existentes. Haciendo cambios, puedes mirar más allá de tu propia nariz e incluso crecer a partir de éstos.

Ejemplo 3: Tienes miedo de mostrar límites a otras personas. Todo ser humano tiene límites que no deberían ser cruzados por otros. Muestra tus límites con calma y deja claro dónde están esos límites. Con esto muestras fuerza interior y confianza en ti mismo. Su contraparte sabe exactamente hasta dónde puede llegar y que su comportamiento fue inapropiado.

Ejemplo 4: Tienes miedo *de las cosas nuevas*. Sólo a través de nuevas cosas y circunstancias puedes desarrollarte porque te atreves a probar algo nuevo. Aunque el miedo parece muy real, sólo está en tu mente.

No se puede predecir cómo se desarrollarán las cosas y lo que vendrá. Toma el camino hacia nuevos reinos. Descubrirás más tarde que no había razón para tus miedos y ansiedades.

Ejemplo 5: Tienes miedo de dar a los demás un vistazo de tu verdadera personalidad. Nada dramático sucede cuando muestras tu verdadero ser, tu verdadera personalidad. Cada persona tiene su propia individualidad. Experimentarás que de repente el mal se separa del trigo y sólo quedan personas que aprecian tu personalidad y se preocupan por ti.

Ejemplo 6: Tienes miedo de hacer contacto con otras personas. Adelante, habla con otras personas. Nada malo puede sucederte excepto a aquellos que te son hostiles. No es un gran sentimiento, pero muestra inmediatamente que el respeto no tiene valor con esta gente. Estas personas son venenosas. No es bueno experimentar el rechazo, pero no causa mucho daño!

Ejemplo 7: Tienes demasiado miedo al fracaso. Los errores no causan daño físico. Tal vez evocan ambas cosas en tu mente.

Las derrotas y los desafíos están ahí para crecer, para mejorar y para ganar nuevas perspectivas. Empieza de nuevo con los descubrimientos y sigue tu propio camino.

Ejemplo 8: Tienes miedo de estar solo. No tienes que tener miedo de estar solo. Porque hay una pequeña diferencia entre estar solo y sentirse solo. Además, estar solo tiene ventajas muy especiales. Puedes concentrarte completamente en ti mismo y aprovechar al máximo este tiempo. Ordena tus pensamientos o cumple los deseos que has tenido durante mucho tiempo.

Ejemplo 9: Tienes miedo de lo que los demás piensen de ti. Este miedo es injustificado, sin sentido y contraproducente. No importa lo que los demás piensen de ti. Además, la mayoría de la gente tiene mucho que ver con ellos mismos y no tienen tiempo para pensar en ellos.

Ejemplo 10: Tienes miedo de hablar ante mucha gente, que te entrevisten o a hacer una presentación. Lo único que puede pasarte es que los oyentes sacudan la cabeza, callen tu boca y en vez de aplaudir, salgan de la habitación y caminen. Sobre todo si tienes que hablar delante de mucha gente, debes crear una imagen positiva entre el público y convencerles con tu retórica. Incluso las grandes personalidades tuvieron que aprender eso primero. Por eso no tienes que tener miedo.

Incluso si estos miedos crean un sentimiento desagradable y muy real, siempre debes ser consciente de que tú mismo creaste estos sentimientos a través de tus pensamientos negativos. Tan pronto como te das cuenta de lo que puede suceder en el peor de los casos, te das cuenta de que los sentimientos negativos sólo se basan en tus propios pensamientos y no son la realidad. Tus pensamientos pierden su poderoso efecto y de repente son muy pequeños.

2. ¡Crea otras imágenes positivas en tu cabeza!

Además del control de la realidad, debes cambiar tus imágenes mentales positivamente. Aunque no lo creas, puedes influir en tus propios pensamientos y guiarlos en la dirección correcta.

Imagina ahora, por ejemplo, un atardecer de ensueño con temperaturas cálidas en el mar. ¡Apuesto a que lo ves justo delante de tu ojo interno! Todo lo que necesitas para influir positivamente en tus pensamientos es saber que eres responsable de tus propios pensamientos. Tan pronto como surja un sentimiento de miedo, debes mirar más de cerca las imágenes del pensamiento y percibirlas conscientemente para filtrarlas y borrarlas. Para ello, reduce el tamaño de la imagen desdibujándola, desgarrándola o pintándola con colores brillantes y vibrantes. Cuanto más lo hagas, más fácil será para ti. Intenta reemplazar las imágenes negativas con las positivas. Con tu imaginación, eres capaz de influir positivamente en la percepción. Las imágenes mentales positivas son la mejor arma secreta contra tu miedo.

3. ¡Trata de controlar tus pensamientos!

Cuanto más consciente seas de tus pensamientos negativos, mejor podrás influir en ellos positivamente. La meditación es una gran manera de hacerlo. Podrás detener el carrusel de pensamientos, salir y dejar ir los pensamientos y emociones negativas. Presta atención a las cosas más importantes y descansa. No necesitas largas sesiones de meditación, sólo unos pocos minutos al día son suficientes. La meditación también te da una sensación corporal positiva, que tiene un gran efecto sobre tus miedos.

Nota: *Si te sientes relajado, no puedes tener una sensación de miedo al mismo tiempo!*

4. El éxito es la super arma contra el miedo!

Con tu sentido de logro, el miedo puede ser combatido muy bien. Siempre que surja la sensación de ansiedad, debes tener en cuenta tus éxitos. Si has superado tu miedo actual, los sentimientos negativos serán mínimos la próxima vez.

Has comprendido que nada terrible puede sucederte y puedes volver a tener confianza en ti mismo. Usa este conocimiento y avanza paso a paso, entonces pronto serás capaz de enfrentar tus grandes miedos.

Utiliza los éxitos anteriores para combatir el miedo y recordar los sentimientos positivos de la época. Ciertamente hay situaciones en las que te has enfrentado a tu miedo. Sumérgete en este sentimiento positivo. Incluso las pequeñas cosas tienen un gran efecto positivo. Sólo la certeza de que has enfrentado el miedo en una determinada situación te da una buena sensación. Recuerda tales situaciones de nuevo y manifiesta los pensamientos y emociones en tu memoria. *"¡Puedes hacer cualquier cosa, sin importar lo que sea!"* Con *esta* frase puedes creer que no tienes nada más que temer.

5. *¡Enfrenta tus miedos con un confidente!*

Si te enfrentas a tus miedos solo, a veces pueden crecer. Por ejemplo, te sientes mucho más ansioso cuando tienes que hacer un discurso solo frente a una gran audiencia. ¿Por qué no te llevas a alguien de confianza contigo?

Una persona o grupo de confianza garantiza la seguridad y la estabilidad. Te sentirás más fuerte e incluso puedes superar tu miedo. Busca personas que no compartan los mismos miedos contigo o que hayan superado sus miedos. Estas personas son el ancla para ti. Porque te muestran que puedes enfrentar tus miedos con calma y que ningún mundo se derrumbará en el proceso.

6. ¡Actúa para neutralizar tus pensamientos negativos!

Cuanto más te metas en pensamientos negativos, peor será el miedo. Porque estás desperdiciando una valiosa energía en imágenes negativas, que puedes usar con más sensibilidad. Antes de consumir toda la energía, hay que pisar el acelerador y cambiar al carril rápido para no invertir aún más energía en malos pensamientos y evocar escenarios terribles. Eso no significa que debas exponerte conscientemente al peligro. Por el contrario, esto significa que mantienes tus pensamientos al mínimo y te preguntas si la situación representa un peligro. Entonces te atreves a dar un paso adelante:

➡ Habla con la gente muy interesante que conocerás en la conferencia, sin preocuparte de cómo iniciar la conversación. ¡No hay bien ni mal! Lo único que puede suceder es que la persona seleccionada no esté interesada en hablar contigo.

➡ Visita un bar de karaoke, sube al escenario y coge el micrófono antes de que los pensamientos negativos entren en tu cabeza y pienses en cómo el público podría reaccionar a tu actuación.

Si surge una situación, no debes retroceder, sino que debes actuar inmediatamente con valentía y ser activo. Esto evita que surjan pensamientos negativos.

7. *¡Siente el dolor de los sentimientos negativos con cada fibra de tu cuerpo!*

El miedo no es una sensación agradable. Todos estamos de acuerdo en eso. ¿Pero qué alternativas hay para contrarrestar esta sensación y este dolor? Tu miedo es tan grande que te impide intentar nuevos caminos y mirar por encima de tu nariz. Enfrenta tu miedo y siente el dolor. Puedes hacer esto si imaginas cómo será tu vida si no te enfrentas a tu miedo y a tus pensamientos negativos. Intenta sentir los sentimientos y las sensaciones correctamente. Mantén la vista en la pelota,

- ➡ Lo que temes, lo que te pierdes,
- ➡ Qué experiencias se te ocultan
- ➡ Qué restricciones tienes que aceptar en tu calidad de vida.

¡Comprenderás que no es una buena idea!

Ahora imagina en tu mente lo feliz y relajada que es tu vida cuando finalmente dejas ir tus pensamientos negativos. Produce imágenes y muéstrate a ti mismo tal como eres, cuánta alegría tendrás en la vida sin miedo.

Te darás cuenta de que finalmente puedes
enfrentarte a nuevas metas y realizarlas sin miedo.
Tienes el potencial en ti para comenzar una vida
feliz, satisfecha y relajada.

El desarrollo de la imagen de sí mismo - un aspecto importante del desarrollo de la personalidad

Existe esa autocomprensión con la que otras personas van por la vida, toman decisiones y no pierden la cabeza, incluso en el caso de una decisión equivocada. ¿Qué hacen estas personas de manera diferente y qué habilidades tienen que los hacen tan soberanos y tranquilos, incluso felices consigo mismos?

Estas personas se han enfrentado a sí mismas, conocen sus fortalezas y debilidades y están en paz. No se esfuerzan "más alto, más rápido, más lejos" sólo porque otras personas esperan que lo hagan. Tampoco permiten que se les obligue a desempeñar un papel específico y no permiten que surjan temores en primer lugar. En su camino a través de la vida, han aprendido a reflexionar sobre sí mismos, a aceptar las debilidades e incluso pueden ganar algo bueno de ellas. Especialmente para ellos mismos, estas personas son extremadamente honestas.

Si tu mismo comienzas a ser honesto, descubrirás que tu pensamiento y tu actuación serán un gran rompecabezas, ya que te manipulan a tí mismo a través de tu actitud interna y tus propios pensamientos, colocando así la imagen de ti mismo bajo una luz completamente diferente. El auto-diseño tiene mucho que ver con "conocerse a sí mismo". Pero ten en cuenta que tu propio "yo" siempre te reserva sorpresas, y deja claro que aún no has mirado en todos los abismos.

Imagina tu vida como un gran salón, en el que hay muchas puertas. En el medio, hay una silla en la que te sientas con un gran manojo de llaves en la mano. Ya has abierto bien algunas de las puertas cerradas y has mirado en la habitación que hay detrás de ellas, otras son sólo un espacio abierto y otras siguen firmemente cerradas. Cada vez que abres una puerta, aprendes un poco más sobre ti mismo. Y es precisamente esta información la que te ayuda a conocerte un poco más y a desarrollar tu autoestima.

Por supuesto que hay personas que son completamente resistentes y no quieren o no son capaces de desarrollarse más a través de las experiencias con ellos mismos.

Pero estas personas son reacias a desarrollar una nueva y más positiva forma de pensar, a descartar los pensamientos negativos, y a comenzar una vida más feliz y más dichosa.

Si perteneces a la otra categoría y finalmente quieres deshacerte de los pensamientos negativos, tendrás éxito. Sorprendentemente, la gente puede cambiar, influir en su propio mundo de pensamiento y adquirir una actitud más positiva. Sin embargo, es importante que reflexione sobre las formas de pensar y actuar para lograr una nueva conciencia. A través de los conocimientos adquiridos, se desarrolla una nueva autocomprensión basada en el conocimiento de que no todo es malo y debe tener un mal resultado. Descubre que la moneda tiene dos caras y atrévete a mirarla más de cerca.

De esta forma dejas claro que estás evocando ciertas situaciones a través de tus propios pensamientos, en lugar de creer firmemente que todo va bien. Si algo sale mal, todavía puedes buscar la solución al problema.

Y eso es menos dramático que decirte a ti mismo que no puedes, que no tienes las habilidades y que no eres lo suficientemente bueno.

Puedes conocerte un poco más a ti mismo mirando más de cerca la información sobre ti mismo. Esto incluye reacciones a lo que dices, cómo te comportas y lo que haces. Deja de lado las críticas de los demás, pero mira su efecto y lo que desencadena en otras personas. También debe considerarse otro aspecto importante. ¿La imagen que tienes de tí mismo coincide con la imagen que los demás tienen de ti? ¿Puedes transmitir tus propias opiniones correctamente o tu forma negativa de pensar sale a la luz de manera muy clara?

Hay una pregunta importante que debes hacerte respecto a la imagen de sí mismo. "¿Por qué pienso negativamente y no de manera diferente?"

Responder a esta pregunta te muestra el patrón de comunicación que te has fijado, porque en la vida te has puesto repetidamente en una posición negativa y has aceptado toda la competencia.

Hay patrones especiales que poco ayudan para deshacerse de los pensamientos negativos y ganar confianza en tí mismo. Para cambiar tus patrones de pensamiento, no necesitas un objetivo concreto. El deseo por sí solo es a menudo suficiente para ponerse en marcha. La experiencia traerá mejores resultados. Conseguirás un gran efecto si filtras, analizas y entiendes los contextos concretos. Una buena forma de hacerlo es analizar tu comportamiento y tu forma de pensar. Esto te dejará claro que la pregunta del "por qué" no sólo araña la superficie, sino que va mucho más allá.

Revela a su comprensión en la que se basan sus pensamientos negativos y su pesimismo. Al mismo tiempo, obtienes información que refuerza la actitud negativa y la forma de pensar.

A veces eres otras personas y más a menudo tú mismo, porque no puedes salir de la espiral de pensamientos negativos y estás atascado.

Para cambiar algo, necesitas saber qué mecanismos desencadenan pensamientos negativos en ti.

Si sabes de dónde viene tu actitud interior y tu forma de pensar, puedes cambiar algo al respecto. Si, por ejemplo, tu eres una persona que siempre está orientada hacia los demás y descuida sus propias necesidades, debes finalmente comenzar a tomar un camino diferente y separarte de las personas que te rodean y que te empujan en cierta dirección y quieren que creas que tu no eres lo suficientemente bueno.

Entenderse a sí mismo, dejar de lado los pensamientos negativos e intercambiar el pesimismo por una actitud optimista tiene éxito si se trata de sus propias visiones e inclinaciones y se obtiene la visión para ver las cosas de forma positiva. Con la forma alterada de pensar puedes reescribir el programa de vida anterior y seguir caminos completamente nuevos que te hacen feliz del alma más profunda.

Programación Neurolingüística - finalmente dejando de lado los pensamientos negativos

Si buscas formas de dejar de lado los pensamientos negativos, entonces estás obligado a encontrarte con la programación neurolingüística, o PNL para abreviar. ¿Qué hay detrás de todo esto?

Cita:

*"**La Programación Neuro-Lingüística (PNL) es** una colección de técnicas y métodos de comunicación para cambiar los procesos psíquicos de las personas, que entre otras cosas incluye conceptos de terapia centrada, terapia Gestalt, hipnoterapia y las ciencias cognitivas, así como el constructivismo".*

Cita: *"El término "Programación Neurolingüística" debería expresar que los procesos en el cerebro (= Neuro)*

*con la ayuda de la lengua (= **lingüística**)*

*pueden cambiarse sobre la base de instrucciones de acción sistemática (= **programación**)".*

Esto suena altamente científico, pero también puede ser expresado en palabras más simples.

La PNL se enfoca básicamente en la percepción subjetiva humana. No se expresa nada más a menos que las personas perciban y experimenten ciertas situaciones ellas mismas, de otras personas, el trabajo, las relaciones y la vida cotidiana de manera diferente. Dependiendo de cómo perciba su entorno y a ti mismo, de cómo pienses, sientas y evalúes estas emociones, una misma situación resultará en un sentimiento positivo y bueno para ti, o en sentimientos estresantes, opresivos y difíciles. De esta manera, cada persona crea su propia realidad individual.

La programación neurolingüística llega al fondo de la cuestión de cuáles son los factores que controlan a las personas y cómo se producen sus propias experiencias. En otras palabras, *la PNL es el estudio de la subjetividad humana.*

Dado que el lenguaje y la comunicación constituyen una gran parte de la vida cotidiana, ya sea profesional o privada, estos elementos están estrechamente vinculados a la PNL.

Se trata de las expresiones faciales, los gestos, la forma de hablar, el tono, la forma de expresarse, la postura e incluso la forma de guardar silencio. Dado que siempre se utilizan estas diferentes formas de comunicación, no funciona el no comunicarse. Esto significa que con lo que dices, haces o cómo te comportas, envías constantemente mensajes a otras personas.

Por lo tanto, la programación neurolingüística busca respuestas a la pregunta de hasta qué punto la comunicación y el lenguaje influyen en el pensamiento y la acción de las personas. ¿Qué conclusiones se pueden sacar de los patrones de comunicación y cómo se percibe con ellos?

La PNL te ayuda a entender mejor los procesos de comunicación y asegura que te comuniques mejor.

Como muestra la definición, la PNL es un término genérico para una variedad de métodos de influencia sobre los demás y sobre uno mismo, de cambio y de comunicación. La PNL, programación neurolingüística, consiste en tres términos.

Neuro describe los procesos neurológicos que ocurren en el cerebro de un ser humano.

Si se influye en estos procesos, esto a veces conduce a un cambio en el comportamiento.

Lingüística significa lenguaje. Por lo tanto, la programación neurolingüística consiste en reconocer patrones especiales de habla para usarlos conscientemente o, si es necesario, cambiarlos.

La programación es el indicio de que el cerebro humano funciona como una computadora y que ciertos programas trabajan en él que la gente aplica en patrones de pensamiento y comportamiento. La PNL es como un programa de reparación que identifica los programas dañados, los modifica y los reemplaza con programas positivos que funcionan correctamente.

La PNL no está claramente delineada, pero está en constante desarrollo. Muchos terapeutas, entrenadores y profesionales están trabajando en ello, para continuar desarrollando los métodos existentes y crear otros nuevos.

La mediación y apropiación de ciertas estrategias se llama modelación en la PNL. Por ejemplo, esto significa que las personas con habilidades o talentos especiales logran un mayor rendimiento. La clave de la competencia es, por lo tanto, la capacidad de llevar los pensamientos y el lenguaje a una forma determinada. Aquellos que dominan la modelación pueden aprender más eficientemente. La PNL se utiliza en la educación, los negocios, la psicoterapia, la salud, los deportes y los procesos creativos.

La PNL no sólo se utiliza para enfermedades patológicas. En principio, todo el mundo puede beneficiarse del método PNL. Porque las posibilidades de aplicación son tan extensas como los deseos, sueños y problemas a los que la gente se enfrenta cada día.

Con la PNL, por ejemplo, se puede aprender más eficazmente, mejorar la asociación y la salud, alcanzar objetivos específicos, lograr éxitos profesionales y deportivos y deshacerse de los miedos. Las técnicas de PNL son fáciles de aprender y de usar.

¿Para quién es la PNL?

La PNL tiene su propia filosofía o incluso una forma de vida especial. Porque las diferentes ideas o supuestos básicos en los que se basa la PNL son el resultado de estas cuatro convicciones básicas.

➡ Flexibilidad en el pensamiento y la actuación

➡ Orientación y logro de objetivos

➡ Agudización de los sentidos para la percepción externa y la autopercepción

➡ Una clara conciencia de la propia responsabilidad

Dependiendo de para qué quieras usar la PNL, necesitarás diferentes habilidades. Aunque sean diferentes, la idea personal básica es siempre la misma. El objetivo es cambiar el pensamiento obstructivo y los patrones de comportamiento, optimizar las habilidades o encontrar soluciones eficientes a los problemas.

La PNL no sólo es interesante para grupos profesionales especiales, sino que también puede utilizarse para el desarrollo personal y una forma de pensar más positiva en todos los ámbitos de la vida. ¡No hay límites!

La PNL es interesante, por ejemplo, en la enseñanza y la educación, ya que se elaboran y aplican estrategias de aprendizaje individuales, en las que tanto los alumnos como los maestros reciben un notable aumento de la motivación. Esto permite que se logre un éxito sostenible en el aprendizaje.

En la economía, la PNL se utiliza con éxito en las más diversas áreas de negocios. En la gestión, el método puede ser una herramienta eficaz para mejorar la comunicación, tratar con los clientes y los empleados y lograr una atmósfera emocional positiva.

Un alto nivel de capacidad de comunicación no sólo tiene un efecto positivo, sino que también tiene un efecto directo en el éxito de la empresa, especialmente en las áreas de ventas y compras.

Con la PNL y las herramientas apropiadas, la comunicación puede ser optimizada y se puede desarrollar un estilo de liderazgo de manera cooperativa y orientada al empleado. De esta manera, incluso en situaciones difíciles, es posible actuar con determinación y resolver los conflictos del equipo muy rápidamente. Mediante el mejoramiento de las estrategias de comunicación, se pueden identificar y modificar las pautas de comportamiento individual de manera orientada a la consecución de objetivos, utilizando métodos apropiados. Los que dominan la PNL aseguran el éxito de los negocios a nivel mundial.

Las personas que trabajan en el campo de la medicina deben tener un alto nivel de competencia social. Con ese fin, existen enfoques estratégicos que promueven la competencia social para establecer una relación de confianza y empatía con el paciente. El estilo de comunicación cooperativa da como resultado una mejor relación entre los pacientes y el personal, ya que hay un entendimiento mutuo. Esto mejora el proceso de recuperación y asegura que se cultive una actitud más positiva en general.

En las manifestaciones clínicas, la PNL puede utilizarse como un método orientado al objetivo para combatir las enfermedades mentales. La programación neurolingüística, por ejemplo, es ideal para los trastornos de ansiedad, fobias, y ayuda a abandonar finalmente los pensamientos negativos. Las personas afectadas sienten una rápida mejoría y se sienten mucho más fuertes, porque finalmente han encontrado la forma correcta de manifestar pensamientos nuevos y positivos, de ganar y construir confianza en sí mismos.

La PNL en la práctica es ideal para el desarrollo personal. Porque, en principio, en todas las áreas hay una comunicación constante a nivel verbal y no verbal. Sin embargo, los malentendidos se producen repetidamente en la comunicación interpersonal.

➡ ¿Los demás entienden realmente sus mensajes como usted los entiende?

➡ ¿Hay una interpretación correcta de las reacciones y declaraciones de su interlocutor?

Gracias a los diversos métodos que ofrece la PNL, podrá comunicarse mucho mejor en su vida profesional y privada.

Información: ¿Sabía usted *que las personas que participan en la PNL y han aprendido estrategias y métodos tienen mucho más éxito, están más satisfechas y son más felices con sus vidas que antes?*

Los estudios científicos muestran que sólo el 20 por ciento de las cosas que has experimentado y aprendido hasta ahora en tu vida se utilizan. El 80 por ciento restante está dormido en tu subconsciente. Afortunadamente, estos potenciales no utilizados pueden ser estimulados y utilizados con programación neurolingüística.

Las experiencias y percepciones son siempre muy personales y por lo tanto subjetivas. Y es precisamente esta subjetividad la que influye considerablemente en tu forma de pensar y actuar e influye en tu propia percepción.

Esto desdibuja tu visión de las muchas posibilidades de acción que están disponibles en principio para dar forma a tu propia vida con éxito.

Con la PNL se agudiza la percepción propia, se reconocen las múltiples y prometedoras opciones y se pueden utilizar en toda su extensión y aplicarlas de forma creativa.

➡ Al activar y agudizar tus sentidos, reconocerás tu propio potencial y el de los demás.

➡ Ahora puedes hacer uso de habilidades que antes estaban ocultas en el subconsciente.

➡ Tendrás una visión más clara de tus puntos de vista y valores básicos, lo que te llevará a una forma más autodeterminada de pensar y actuar.

➡ Puedes realizar tus propios deseos, ideas y visiones con confianza en ti mismo y creatividad.

➡ Una mayor flexibilidad te permite afrontar los retos cambiantes de la vida con éxito y serenidad.

Esto te da la capacidad de alcanzar objetivos, ya que ahora puedes formularlos muy claramente.

Sabes exactamente hacia dónde debes llevar tu camino y lo que realmente quieres lograr.

Con la PNL, has aprendido no sólo a expresar las
cosas de forma clara y comprensible, sino también a
lograr el objetivo elegido con un enfoque dirigido.

Comunicación positiva

La lingüística juega un papel decisivo en la PNL. El desarrollo del modelo se basa en el análisis y modelado de los patrones de habla de los terapeutas de éxito. Así pues, el dominio lingüístico de la programación está claramente presente en relación con los patrones lingüísticos influyentes e hipnóticos. Hay métodos lingüísticos que permiten una interacción y comunicación flexible con personas que están en sintonía con su carácter y origen. Esto ayuda a aumentar la diversidad de la comprensión de la comunicación interpersonal. Asimismo, esto hace que sea mucho más fácil para ti ajustarte a la percepción subjetiva del interlocutor, independientemente de su propia opinión. Especialmente en situaciones de conflicto, esta capacidad es muy valiosa.

Para que finalmente puedas dejar de lado los pensamientos negativos y cambiar tu forma de pensar y comportarte, aprenderás a utilizar la PNL utilizando las técnicas más utilizadas.

"Técnica Swish" por Richard Bandler

Richard Bandler es uno de los desarrolladores de la programación neurolingüística. La PNL se desarrolló como un método de psicoterapia a corto plazo. La técnica Brandler es un método muy difundido para cambiar el comportamiento y el pensamiento. Se toma un pensamiento no deseado para reemplazarlo con algo positivo y deseable. Puedes utilizar los siguientes cinco pasos para aplicar esta técnica:

1. Elige un recuerdo desagradable, un miedo o un estado mental negativo y visualízalo hasta el más mínimo detalle. Sentirás cada sentimiento y verás tus miedos clara e inequívocamente. Oirás, saborearás y olerás porque tus órganos sensoriales están activados. Cuanto más órganos sensoriales estén involucrados para intensificar tu imaginación, más fuertes serán las sensaciones.

2. A partir de estos sentimientos fuertes y negativos, piensa ahora en algo agradable y positivo, por ejemplo, una buena memoria o una visualización positiva. Estos hermosos

pensamientos o imágenes deberían preocuparte personalmente y provocar un sentimiento de felicidad. Sumérgete en estas sensaciones positivas tan profundamente como lo hiciste antes en las negativas.

3. Ahora crea dos imágenes en tu mente, una grande y expresiva y otra pequeña y discreta. En el marco grande se guardan los negativos y las ideas y recuerdos desagradables y en el marco pequeño los cuadros y las impresiones agradables. El marco con el contenido desagradable está en el centro de tu campo de visión, mientras que el pequeño y discreto con la presentación agradable está en el borde.

4. Este paso es el más importante, porque ahora "cambias" las dos imágenes, haciendo el marco de una imagen. La imagen anterior en el marco grande se vuelve discreta y borrosa y la imagen fuera del marco pequeño se vuelve clara y reconocible. El intercambio de pinturas debería tener lugar rápidamente. Si tienes una imaginación acústica distintiva, puedes incluso imaginar ese sonido sibilante

cuando cambias. Si no, pronuncia la palabra
"silbido" tú mismo.

5. Este proceso se repite hasta que una
sensación agradable y pensamientos
positivos aparecen automáticamente cuando
las ideas desagradables tratan de penetrar en
tu mundo de pensamiento.

El poder del pensamiento positivo

Cuando a otras personas se les ocurre la idea de pensar finalmente en positivo, los pesimistas ponen los ojos en blanco y piensan que estas personas se han vuelto locas. ¿Por qué debería ser positivo sobre este evento, el próximo reto o lo que podría suceder?

Las personas que están firmemente enredadas en sus patrones de pensamiento negativo tienen una idea completamente equivocada de lo que significa realmente el pensamiento positivo. Creen que las personas que piensan positivamente son soñadores que no miran la realidad a los ojos e ignoran constantemente las circunstancias negativas. Afortunadamente, esta suposición no es correcta. El optimismo es tan real como el pesimismo y no tiene nada que ver con soñar despierto. No sólo hay cosas positivas, sino también cosas negativas en este mundo. Pero con la forma correcta de pensar, también puedes obtener algo positivo de las cosas negativas.

Depende totalmente de ti si prefieres caminar por la
vida como un pesimista con pensamientos negativos
o concentrarte en el otro lado con una forma de
pensar positiva.

12 maneras para no pensar y comportarse negativamente

1. ¡No hagas de los pensamientos negativos tu primera prioridad!

Como sabes ahora, los pensamientos negativos no sólo tienen un gran poder, sino que son destructivos, afectando tu autoestima y tu confianza en sí mismos. Tienes una gran influencia en tu coraje, alegría, felicidad, éxito y tu bienestar mental. Si te sientes mal e inútil. No le des al pensamiento negativo la oportunidad de tomar toda tu atención y difundirla sin obstáculos. No desaparecerá, pero perderá más y más poder. Si una vez más los autorreproches, las dudas, preocupaciones y miedos se extienden y ensombrecen tus pensamientos, debes arrancarlos de raíz de una vez por todas y ocuparte de los hermosos pensamientos positivos y de las alegres visualizaciones. Esto te distraerá de los pensamientos y sentimientos negativos.

2. Segundo, haz una gran sonrisa de disciplina.

Las personas con una actitud negativa y malos pensamientos también lo demuestran en sus expresiones faciales y en su lenguaje corporal. Van por la vida con sonrisas que cuelgan de sus bocas y una expresión facial de mal humor. También hay gente que encuentra la vida con todos sus altibajos con una sonrisa. Son precisamente estas personas las que pueden obtener algo positivo incluso en situaciones negativas y que no se toman la vida y a sí mismos tan en serio.

Los investigadores han descubierto que incluso una sonrisa, es decir, una expresión facial positiva, libera hormonas de felicidad. Los músculos faciales transmiten información positiva al cerebro para que las cosas ya no sólo se vean en negro, sino también en los muchos tonos de gris e incluso en los colores brillantes. La gente con una sonrisa en la cara está más relajada y más satisfecha.

3. Si surgen eventualidades, primero debes buscar las cosas positivas.

Cada situación tiene dos caras, ¡como una moneda! Por eso todas las situaciones, por precarias y negativas que sean, ofrecen la oportunidad de lograr algo positivo. Porque siempre depende del punto de vista y la interpretación correcta.

Los aspectos negativos pueden ser un desafío y un impulso instigador o pueden iniciar un proceso de reprogramación del propio pensamiento y actuación. Por ejemplo, no te aburras demasiado si no tienes un lugar de estacionamiento frente a tu puerta, pero míralo de manera positiva.

Puedes dar un pequeño paseo al aire libre, relajarte y disfrutar del hermoso clima. Por supuesto, no siempre es fácil pensar positivamente, especialmente cuando se trata de preocupaciones y problemas existenciales incontrolables. En tal situación, un consejo como "será bueno para algo" no te llevará más lejos.

Pero aquellos que ya han empezado a mirar más de cerca las pequeñas cosas y a descubrir el lado positivo también pueden afrontar más fácilmente los grandes desafíos.

4. *Cuarto, escribe un diario de gratitud.*

Eso puede sonar extraño al principio. Pero una mirada más cercana revela que no todo es sólo negativo, aunque pueda parecerlo en este momento. Cada persona tiene cosas por las que está agradecida, aunque parezcan tan pequeñas. Escriba todo lo que agradece.

Esto te permitirá concentrarte en las cosas bellas en lugar de tratar con las cosas negativas. Escribe todo lo que agradeces. Expresa todo lo que se sientes, lo que te molesta o no. Es importante que te des cuenta de esto todos los días. A medida que pase el tiempo, notarás más y más aspectos positivos en tu vida por los cuales puedes estar agradecido.

5. *¡Evita la sobredosis por información negativa!*

En todas partes, ya sea en la televisión, la radio o las redes sociales, te ves abrumado por la información negativa y los informes sobre desastres.

Esto rápidamente da la impresión de que el mundo no tiene nada positivo que ofrecer. Por supuesto, hay mucha violencia alrededor del mundo, muchos desastres y cosas que inspiran miedo. Pero también hay mil millones de cosas positivas que no encontrarás en las noticias o en otros medios. No son lo suficientemente sombríos y no propagan el miedo y el terror. Intenta minimizar el flujo de mensajes negativos.

6. ¡Prohibir a las personas negativas en tu entorno personal!

Tu actitud personal, tu forma de pensar y tu comportamiento están estrechamente ligados a las personas de tu entorno inmediato.

Aquellos que sólo se rodean de personas negativas adoptarán rápidamente la misma forma de pensar y actuar. Así es como funciona al revés. Las formas positivas de pensar y comportarse en tu entorno inmediato no te contaminan automáticamente, por lo que adquieres una actitud más positiva. La psicología positiva y las personas de tu entorno que son consideradas niños felices son útiles para esto.

7. Dale la espalda al papel de víctima. ¡No encajarás ahí!

Las personas con una forma de pensar positiva son responsables de sus propias vidas y no las transfieren a otros. Es por eso que finalmente debes tomar tu vida en tus propias manos, mirar hacia adelante, dejar de lado los pensamientos negativos y dejar de pensar en lo que te pasó en tu vida.

Sal de este papel de víctima y date cuenta de que sólo tú tienes una gran influencia en tu propia vida. Asume la responsabilidad y no se la entregues a otros. Tu eres el timonel que fija el curso y define el objetivo.

Una vez que hayas comprendido esto y hayas sacado todas las conclusiones necesarias, se te abrirán oportunidades y posibilidades únicas, que podrás aprovechar para llevar una vida más feliz, más alegre.

8. ¡La comparación con otras personas está prohibida a partir de ahora!

Compararse con otros perjudica la confianza en tí mismo y crea pensamientos negativos. A partir de ahora ya no te preguntarás por qué tu colega puede volver a conducir largas distancias, tu vecino conduce un coche más grande y mejor y tu asesor fiscal puede pagar un yate caro. Porque esta comparación no sólo tiene un sabor desagradable, sino que también genera pensamientos negativos. Deja de mirar hacia arriba, pero mira hacia abajo. Hay gente que está mucho peor que tú. Cuando finalmente comiences a estar satisfecho con lo que has logrado hasta ahora, tu actitud básica cambia automáticamente y los pensamientos positivos cobran vida.

9. ¡El pensamiento positivo es la clave del éxito!

Has logrado tantas cosas en tu vida que puede que ya no tengas tu pantalla. Completaste con éxito tu maestría en una universidad de élite y luego conseguiste el trabajo de tus sueños, pasaste tu primera prueba de calificación a una edad temprana, criaste a tus hijos y tal vez incluso construiste tu propia casa. Hay grandes y pequeños éxitos que has logrado en la vida.

También han habido situaciones difíciles que has experimentado. ¿Por qué no las escribes y añades más éxitos a la lista de nuevo, aunque parezcan tan pequeños? Por ejemplo, el grifo de la cocina reparado, el peso más alto que levantaste hoy en el gimnasio durante el entrenamiento, o la libra que ya no se muestra en la balanza esta mañana. Esta lista tiene un efecto mucho mejor que una lista de cosas que quieres hacer.

10. ¡Nunca pierdas de vista tus necesidades y límites!

A veces el pensamiento positivo es influenciado por otras personas porque no consideran sus necesidades y simplemente cruzan las fronteras. Para tu felicidad y actitud positiva hacia la vida, debes comunicar tus límites y necesidades clara y repetidamente. Así es como cumples con tu deber de cuidarte y hacer siempre algo bueno.

11. ¡Después de que te levantes, concéntrate en los pensamientos positivos!

Si empiezas el día con pensamientos positivos, es mucho más fácil. Porque no hay nada que te saque del camino tan rápido y te dé pensamientos negativos. Recuerda las situaciones y fotos de la mañana cuando te sentiste realmente cómodo, feliz y satisfecho. Generar los sentimientos de ese tiempo de nuevo y vivir de los momentos positivos.

12. ¡Utiliza la literatura que hace de la psicología positiva y la felicidad un tema!

Hay muchos otros puntos que tratan sobre el pensamiento positivo y ayudan a deshacerse de los patrones de pensamiento y comportamiento negativos. Por lo tanto, vale la pena tratar con diferentes métodos y técnicas, como la programación neurolingüística.

Hay varios libros interesantes que tratan exclusivamente del tema "positivo". Son auxiliares útiles y te dan alimento para el pensamiento, para finalmente mirar hacia adelante positivamente y dejar de lado los pensamientos negativos.

Básicamente, todos pueden ser felices y estar contentos con ellos mismos y su propia vida, si la voluntad está ahí. Como puedes ver, ya puedes aportar más positividad a tu propia vida con medios muy sencillos, usando la palanca adecuada en el lugar correcto para allanar el camino hacia una forma más positiva de pensar y actuar.

El pensamiento positivo, incluso en las peores situaciones, te hace exitoso, fortalece tu autoconfianza y te protege de las pequeñas cosas convirtiéndote en un monstruo malicioso que te come por dentro.

Si crees que te han puesto desde la cuna la forma negativa de pensar y que esta es una de las cualidades que no puedes cambiar, te equivocas. Ya has oído esto antes. Es tu crítico interior que puede estar aún en camino de detener realmente el pensamiento negativo. ¡Siempre ten en cuenta que a cualquier edad puedes tener una visión positiva de diferentes cosas si quieres! Puedes hacerlo examinando regularmente tus pensamientos negativos más de cerca y viendo lo que hay detrás de ellos.

Los escenarios de horror que ocurren en tu cabeza también tienen algo positivo en tu equipaje. No deberías cerrar los ojos ante eso. Mirando regularmente el lado positivo, se crea el automatismo, resultando en una nueva forma de pensar la programación. Para tener éxito, debes hacer lo siguiente:

Apaga las trampas de choque - Si sólo giras en círculos y te bloqueas constantemente con pensamientos negativos, no te llegarás más lejos. Porque estos rompecabezas y preocupaciones te impiden pensar de forma positiva. Una buena forma de salir de estas reflexiones es la meditación. Concéntrate en tu propia respiración y abandonar tus pensamientos te da la oportunidad de controlar tu grupo cuidadosamente.

Reducir los pensamientos negativos y perturbadores - Hay suposiciones y creencias básicas que impiden que tengas una visión positiva de la vida y de tu personalidad porque te pasan cosas malas repetidamente. Hay ciertas frases que impiden que finalmente desarrolles una forma de pensar positiva y dejes de lado los pensamientos negativos.

Si has encontrado una frase o pensamiento de este tipo, debe excluirla del uso del lenguaje y del mundo del pensamiento. Pero también hay quienes se camuflan muy bien y no son reconocibles, ni siquiera a segunda o tercera vista.

Para localizarlos, puedes consultar a un terapeuta o entrenador para localizar los pensamientos perturbadores y desterrarlos de tu mente.

Interesante es la programación neurolingüística, porque este método es efectivo en muchas áreas y te ayuda a ser más exitoso, más relajado y más feliz.

Reforzar la conciencia - Siempre hay que ser consciente de los efectos de los pensamientos negativos en el cuerpo, la mente, el alma y utilizar la palanca en este punto para fortalecer la confianza en uno mismo y alinear el pensamiento con las cosas positivas.

Los ejercicios de mindfulness y yoga, por ejemplo, son útiles porque mejoran la conciencia del cuerpo. Utilizas todos tus sentidos, que con el tiempo trabajan con enorme precisión. Esto resulta en una sensibilidad especial. Esta cualidad adquirida es una buena ayuda para establecer una actitud positiva a largo plazo. Puedes lograr este efecto practicando regularmente yoga o ejercicios de consciencia.

Deshacerse de los pensamientos negativos y obtener satisfacción a largo plazo, éxito y una vida plena

Hay diferentes maneras y posibilidades de superar los miedos, eliminar y reemplazar los pensamientos negativos con pensamientos positivos y encontrar la felicidad y la paz interior de la mente. La pregunta de si el vaso está medio lleno o medio vacío tampoco surge ya. Porque finalmente has reunido todo tu coraje para enfrentarte a los espíritus malignos y has comenzado a trabajar en tu forma negativa de pensar y comportarte.

La voluntad se despierta para finalmente estar más satisfecha, tener más éxito y comenzar una vida plena. En todas las áreas de la vida, la reprogramación de tus pensamientos sólo te ofrece ventajas. Descubrirás habilidades ocultas que no habías visto antes porque estaban escondidas en el fondo.

De repente, se abren oportunidades de desarrollo y nuevos caminos. Y puedes aprender mucho a través de tu nueva y más positiva forma de pensar.

Ganan más confianza en sí mismos y refuerzan su creencia en sí mismos y automáticamente conducen a más satisfacción, lo que da a su vida y a sí mismos positividad y un poco de optimismo.

En la búsqueda de los secretos del éxito y la prosperidad, rápidamente aprenderás que no hay puertas ocultas ni grandes secretos. La clave del éxito, la prosperidad y la felicidad son los métodos, técnicas y estrategias que cualquiera puede utilizar para deshacerse de los pensamientos negativos. Trabajan para todo el mundo cuando la base realmente quiere provocar un cambio.

Cada humano tiene su propio tablero en el que él solo mueve las piezas y las pone en el orden correcto. Si existe la voluntad de cambiar algo, también es posible poner las piezas en el orden correcto y así allanar el camino para una forma positiva de pensar, una vida exitosa y más felicidad. Básicamente, todos los seres humanos luchan por el éxito y el crecimiento.

Sólo los requisitos y conceptos básicos se diseñan individualmente y se basan en mentalidades diferentes.

Una mentalidad negativa puede ser transformada en una mentalidad positiva por la programación neurolingüística. Esto significa que una persona adquiere una actitud positiva hacia sí misma, hacia los demás y hacia la vida, manifestándose así también en sus pensamientos. Esto allana el camino para una vida positiva, exitosa y feliz.

Max Krone

Volumen 3: Psicología para principiantes

Volumen 1: Psicología Positiva
Volumen 2: Manipulación y lenguaje corporal
Volumen 4: PNL,

y otros libros de **Max Krone** están ahora disponibles en Amazon.
Sólo tienes que introducir a **Max Krone** en la barra de búsqueda de Amazon.

***** *Hola querido lector Si le gustó el libro, apoye al autor dejando su comentario o critica.*

Derechos de autor

Exención de responsabilidad e impresión

El contenido de este libro ha sido preparado y verificado muy cuidadosamente. Sin embargo, no se puede garantizar la exactitud, integridad y puntualidad de la escritura. Así como no por el éxito o el fracaso en la aplicación de la lectura.
El contenido del libro refleja la opinión y la experiencia personal del autor. El contenido debe interpretarse de manera que sirva para fines de entretenimiento. No debe ser confundido con la ayuda médica. No se asume la responsabilidad jurídica ni la responsabilidad por la ejecución contraproducente o la interpretación incorrecta del texto y el contenido.

<u>Impresión</u>

Autor: Max Krone

representado por:

MAK DIRECT LLC
2880W OAKLAND PARK BLVD, SUITE 225C
OAK PARK, FL 33311
Florida